Johannes Mötsch

Das Heilige Römische Reich Deutscher Nation

Titelbild:
https://de.wikipedia.org/wiki/Datei:Perikopenbuch_Heinrich_
und_Kunigunde.jpg
Oben: Heinrich II. und Kunigunde von Christus gekrönt, hinter ihnen die Bamberger Patrone Petrus und Paulus. Unten: huldigende Personen und die Personifizierungen der Roma, Gallia und Germania.
Foto Rückseite:
https://commons.wikimedia.org/wiki/File:Huldigung_der_
Frankfurter_B%C3%BCrger.JPG
Huldigung der Frankfurter Bürger vor Franz I. anlässlich dessen Wahl zum Kaiser, 1745, kolorierter Kupferstich.

Dr. Johannes Mötsch war Leiter des Thüringischen Staatsarchivs Meiningen.

Landeszentrale für politische Bildung Thüringen
Regierungsstraße 73, 99084 Erfurt
www.lzt-thueringen.de
2017

ISBN: 978-3-946939-03-0

Inhaltsverzeichnis

Das Heilige Römische Reich Deutscher Nation

Das Heilige Römische Reich, wie es bis 1806 bestanden hat, ist aus dem Königtum über den germanischen Stamm der Franken hervorgegangen. Weihnachten 800 wurde der damals regierende König Karl (der Große) vom Papst in Rom zum Kaiser gekrönt. Die wichtige Rolle des Papstes beim Erwerb der Kaiserwürde blieb bis in das 16. Jahrhundert bestehen. Die Herkunft des Kaisertitels aus der römischen Antike war den Betroffenen stets bewusst. Unter Otto II. (973–983) wurde der bis dahin noch ohne Attribut geführte Kaisertitel (imperator) erweitert (imperator Romanorum). Seit dem 12. Jahrhundert wurde auch der Königstitel dauerhaft mit dem Attribut „römisch" versehen. Der Begriff Reich steht – ungeachtet seiner Herleitung aus dem Wort „rex" (König) – in gleicher Weise für den Machtbereich des Kaisers (imperium) wie den des Königs (regnum), obwohl sich beide geografisch nicht deckten. Um 1200 erstreckte sich das Reich von der Kieler Förde im Norden bis in die Toskana im Süden, von Pommern im Osten bis Namur (Belgien) und das Arelat (Provence) im Westen. Allerdings war der Einfluss des Reichsoberhauptes nicht in allen Regionen gleich stark. In Italien und dem Arelat schwand er noch im Mittelalter. Die Schweiz und die Niederlande schieden nach einem sich über lange Zeit hinziehenden Prozess 1648 auch formell aus dem Reich aus. Eine gewisse Sonderstellung innerhalb des Reiches nahmen das Königreich Böhmen (die heutige Tschechische Republik) und seine Nebenländer (die schlesischen Herzogtümer) ein. Nicht zum Reich gehörten das aus dem Machtbereich des Deutschen Ordens hervorgegangene Herzogtum (Ost-) Preußen und das im Besitz des Königs von Dänemark befindliche Herzogtum Schleswig.

Als Reichsgut bezeichnet man die der Verfügung des Königs oder Kaisers unterliegenden, an das Amt, nicht an die Person, gebundenen Güter und finanziell nutzbaren Rechte. Ein Teil davon war zu Lehen ausgegeben (Reichslehngut), mit einem anderen waren geistliche Institutionen ausgestattet worden. Dieses Reichskirchengut stand weiter dem Zugriff des Kaisers oder Königs offen; seinen Inhabern (Erzbischöfen, Bischöfen und Äbten) waren Verpflichtungen zum Kriegsdienst und zur Beherbergung des Reichsoberhauptes auferlegt; dies hatte oft schwere finanzielle Belastungen zur Folge. In der unmittelbaren Verfügung des Reichsoberhauptes verblieb nur ein Rest des Reichsgutes.

Als die Königshäuser der Ottonen (1024) bzw. Salier (1125) erloschen, konnten die Erben die Würde des Reichsoberhauptes an sich bringen; das Hausgut dieser Familien ging daher im Reichsgut auf. Nach dem Ende des staufischen Kaiserhauses (1254/1268) bzw. in den Thronstreitigkeiten des sogenannten Interregnums stand das Reichsgut jedermanns Zugriff offen. Der 1273 gewählte König Rudolf von Habsburg hat versucht, Verlorenes zurückzugewinnen. Er begründete aber auch die Tradition, mit Reichlehngut die Machtbasis des eigenen Hauses zu erweitern. Die auf ihn folgenden Könige und Kaiser aus wechselnden Dynastien taten dies ebenfalls. Im Ergebnis dieser Entwicklung waren am Ende des Mittelalters nur noch Reste des Reichsgutes vorhanden.

Weltliche und geistliche Macht waren im Reich eng verbunden. Diese Ordnung bezeichnet man als Reichskirchensystem. In Fortsetzung spätantiker Traditionen hatten die Bischöfe der Merowinger- und Karolingerzeit auch in der weltlichen Politik eine Rolle gespielt und Herrschaft ausgeübt. Später sind immer wieder umfangreiche Rechte, in einigen Fällen ganze Grafschaften, an die Kirche verliehen worden; dafür waren die belehnten Geistlichen zu Diensten gegenüber dem König verpflichtet (servitium regis). Dieses System haben die Kö-

Werkstatt des Diebold Lauber, unbekannter Künstler, um 1450/Wikipedia

Kaiser Otto d. I. begegnet Papst Johannes XII.

nige und Kaiser aus dem Hause der Ottonen, insbesondere Heinrich II.(1002–1024), und ihre Nachfolger aus dem Hause der Salier ausgebaut; daher unterschied sich die Verfassung des Reiches grundlegend von der seiner europäischen Nachbarn. Wegen der sich daraus ergebenden Nähe von kirchlicher und politischer Macht versuchten Könige und Kaiser immer wieder, auf die Besetzung geistlicher Führungspositionen, deren Inhaber im Besitz weltlicher Herrschaftsrechte waren, Einfluss zu nehmen. Dies wurde von der kirchlichen Reformpartei als Eingriff in die Freiheit der Kirche angesehen. Ab etwa 1050 spitzten sich diese Widersprüche zu; erst im Jahr 1122 wurde die Auseinandersetzung zwischen Reich und Kirche (Investiturstreit) durch einen Kompromiss beendet (Wormser Konkordat).

Die Erzbischöfe und fast alle Bischöfe, zahlreiche Äbte und einige Äbtissinnen konnten in der Folge ihre Güter und Rechte zu weltlichen Landesherrschaften ausbauen; in großen Teilen Deutschlands bestimmten ihre Territorien die politische Landkarte. Da sich auch etliche geistliche Fürsten der Reformation anschlossen, gerieten diese Territorien (darunter das Erzstift Magdeburg sowie die Bistümer Meißen, Merseburg und Naumburg/Zeitz) in den Einflussbereich der benachbarten Fürstenhäuser; sie bestanden jedoch formal bis zum Ende des alten Reiches weiter. Im Süden und Südwesten, am Rhein und in Westfalen blieb eine große Zahl von katholischen Geistlichen regierten Territorien bis zum Ende des alten Reiches bestehen; in Thüringen hatten das Eichsfeld und die Stadt Erfurt mit dem Erzbischof von Mainz bis 1803 einen solchen geistlichen Landesherrn.

Die Hierarchie des Reiches

An der Spitze des Reiches stand das Reichsoberhaupt, der König oder Kaiser. Nach fränkischem Recht hatten die Söhne des Königs gleichberechtigten Anspruch auf einen Erbanteil. Dies hatte innerhalb der Königshäuser der Merowinger und Karolinger Teilungen und Erbauseinandersetzungen zur Folge. Später versuchte man, die Risiken durch Erbregelungen zu mindern. Das Recht aller Söhne auf Nachfolge in der Herrschaft blieb davon unberührt. Eine neue Situation ergab sich, als 911 der ostfränkische Zweig der Karolinger erlosch. Fortan wurden die Könige von den Großen des Reiches gewählt. Zugehörigkeit zum Königshaus wurde, wie es scheint, als Voraussetzung für eine Kandidatur angesehen. Die Könige und Kaiser versuchten stets, zu Lebzeiten die Nachfolge zugunsten ihrer Söhne zu regeln. Aber anders als die Nachbarländer blieb das Reich eine Wahlmonarchie. Von 1437 bis 1806 haben allerdings – mit einer Ausnahme 1742 bis 1745 – nur Angehörige des Hauses Habsburg die Reichskrone getragen. Die Wahlmonarchie hat die Schaffung starker, kontinuierlich tätiger Reichsinstitutionen nicht zugelassen. Auch hat keine Stadt dauerhaft Hauptstadtfunktionen an sich binden können. Die föderale Staatsform von heute ist somit in vielen Punkten historisch vorgegeben.

Ungeachtet seiner geringen Macht blieb der König oder Kaiser das unbestrittene Oberhaupt des Reiches. Er stand an der Spitze der Lehnspyramide, war oberster Richter und entschied über Krieg und Frieden. Er war ursprünglich alleine im Besitz der Rechte, die man, da sie vom Amt des Königs herrühren, als Regalien bezeichnet: Münzprägung, Burgenbau, Berg- und Schatzrechte, Judenschutz. Er hat diese aber seit dem Hochmittelalter einem immer größeren Kreis von Fürsten, Grafen,

Landeshauptarchiv Koblenz – Die Sieben Kurfürsten wählen Heinrich VII. zum König.

Herren und Städten verliehen, vielfach in Anerkennung längst geschaffener Tatsachen. In der frühen Neuzeit ist zudem der Einfluss der Stände des Reiches auf die politischen Entscheidungen institutionalisiert worden. Mehrere – im folgenden beschriebene – Gruppen gewannen in unterschiedlichem Ausmaß politischen Einfluss.

Die Königswahlen des Hochmittelalters hatten auf Versammlungen von Großen des Reiches stattgefunden, auf denen das aktive Wahlrecht nicht definiert gewesen war. Gelegentlich hatte man durch späte Ladungen oder kurzfristige Ansetzungen zu vermeiden gesucht, dass unerwünschte Wähler rechtzeitig erschienen. Die Gruppe der Wähler und Kandidaten war zwar begrenzt, aber nicht festgeschrieben. In der ers-

Friedrich Barbarossa mit seinen Söhnen König Heinrich und Herzog Friedrich. Miniatur aus der Welfenchronik (Kloster Weingarten, 1179–1191). Heute Landesbibliothek Fulda.

ten Hälfte des 13. Jahrhunderts verengte sich der Kreis derer, denen man ein aktives Wahlrecht zubilligte. Erstmals 1256 traten die geistlichen und weltlichen Fürsten als Wähler auf, die dieses Recht auf Dauer behalten sollten und die man deshalb als Kurfürsten (Wahlfürsten) bezeichnet: die Erzbischöfe von Mainz, Köln und Trier, der König von Böhmen, der Pfalzgraf bei Rhein, der Herzog von Sachsen und der Markgraf von Brandenburg. Eine endgültige Regelung der Königswahl erfolgte durch die „Goldene Bulle", die Kaiser Karl IV. 1356 erließ. Auf dieser Grundlage wurden über Jahrhunderte die Wahlen vollzogen.

1547 ging nach der Niederlage im Schmalkaldischen Krieg die sächsische Kurwürde innerhalb des Hauses Wettin von einem Zweig (Ernestiner) zum anderen (Albertiner) über. Gleiches geschah 1623, nachdem der Kurfürst von der Pfalz, der sich zum König von Böhmen hatte wählen lassen, gegen das

Wikipedia

Königsfiguren an der Südfassade der Marienkirche in Mühlhausen. Es handelt sich um Kaiser Karl IV., seine Ehefrau Elisabeth von Pommern und Begleitung.

Der Roland am Rathaus von Nordhausen.

Haus Habsburg unterlegen war. Der ebenfalls aus der Familie der Wittelsbacher stammende Herzog von Bayern erhielt die Kurwürde. 1648 wurde für den Sohn des abgesetzten Pfälzer Kurfürsten eine neue, achte Kurwürde geschaffen. 1692 kam eine neunte für den Herzog von Braunschweig-Lüneburg (Hannover) aus der Familie der Welfen hinzu. Vier weitere Kurwürden entstanden 1803 in der Endphase des Heiligen Römischen Reiches für den Herzog von Salzburg (aus dem Hause Habsburg-Lothringen), den Herzog von Württemberg, den Markgrafen von Baden und den Landgrafen von Hessen-Kassel. Auch nach dem Ende des alten Reiches führte der Kurfürst von Hessen (u. a. Landesherr in Schmalkalden) den nunmehr inhaltslos gewordenen Titel weiter, bis sein Staat 1866 unterging.

Vor der Herausbildung des Kurfürstenkollegiums bildete die Gruppe der Fürsten die oberste Führungsschicht des Reiches. Könige und Kaiser bemühten sich, Entscheidungen von größerer Tragweite oder grundsätzlicher Bedeutung nur im Einvernehmen mit den Fürsten zu treffen. Der Begriff Reichsfürsten (principes regni) ist erstmals im 12. Jahrhundert belegt. Um 1190 gehörten dazu 92 geistliche und 22 weltliche Reichsfürsten. Definiert wurde die Zugehörigkeit zum Reichsfürstenstand im Jahre 1180. Künftig bedurften Neuaufnahmen eines formellen Aktes; Voraussetzung war u. a. Besitz von Reichslehen. Im Spätmittelalter erfolgten solche Neuaufnahmen selten; 1292 wurde der Landgraf von Hessen Reichsfürst; 1310 erhielt der Graf von Henneberg bestimmte fürstliche Vorrechte. In der Neuzeit nahm die Anzahl der Erhebungen stark zu. Grafengeschlechter, deren regionale Bedeutung dies rechtfertigte, wurden ebenso begünstigt wie Männer, die sich in Militär- und Verwaltungsdienst des Kaisers hervorgetan hatten. Allerdings reichte die Rangerhöhung durch den Kaiser allein nicht aus. Hinzu kommen musste die formelle Aufnahme in die Fürstenkurie des Reichstags. Während dies bei alteingesessenen Grafengeschlechtern keine Probleme bereitete, gab es bei Familien aus den kaiserlichen Erblanden (Österreich, Böhmen) gelegentlich Widerstände.

Die geistlichen Fürstentümer hatten ursprünglich die Mehrheit gebildet. Infolge der Reformation verringerte sich ihre Anzahl; in der frühen Neuzeit rechnete man zwei Erzbischöfe, den Hoch- und Deutschmeister (das Oberhaupt des Deutschen Ordens), 22 Bischöfe sowie gefürstete Äbte und Äbtissinnen (u. a. die Äbtissin von Quedlinburg) zum Reichsfürstenstand. Die Mehrzahl der geistlichen Fürstentümer, in denen sich die Reformation durchgesetzt hatte, bestand formell weiter; sie befanden sich aber im erblichen Besitz von Familien aus dem Kurfürsten- oder Fürstenstand. Mehr als 60 weltliche Fürsten bildeten daher am Ende des alten Reiches die Mehrheit in der Fürstenkurie des Reichstags.

Eine Vielzahl von Familien führte den Grafentitel, seitdem dieses Amt zu Beginn des Hochmittelalters erblich geworden war. Erweitert wurde der Kreis der Reichsgrafen im 13. Jahrhundert durch eigenmächtige Aneignung des Titels und später mittels Verleihung durch das Reichsoberhaupt. Nicht alle Grafen konnten eigenständige Herrschaft ausbilden. In Thüringen beanspruchten die Landgrafen aus der Familie der Wettiner – zumeist erfolgreich – die Landeshoheit auch über die Machtbereiche der Grafen und Herren. Die Grafen, die ihre Reichsunmittelbarkeit hatten behaupten können, schlossen sich in der frühen Neuzeit zur Wahrung ihrer Interessen zusammen. Es entstanden in Schwaben, Franken, der Wetterau und Westfalen Grafenkollegien, die jeweils eine Stimme im Fürstenrat der Reichstage hatten. Die Anzahl der zugehörigen Familien verringerte sich in der frühen Neuzeit, da der Kaiser etliche in den Fürstenstand erhob. Dazu gehörten auch Linien der Häuser Schwarzburg (1697/1710) und Reuß (1778/1790).

Zum Reichsgut gehörte eine große Anzahl von Siedlungen, die bereits im Hochmittelalter städtischen Charakter hatten. Diese bezeichnet man insgesamt als Reichsstädte. Von etwa 1000 Siedlungen mit städtischem Charakter, die am Ende des Mittelalters bestanden, gehörten etwa 100 zu dieser Gruppe. Deren große Mehrzahl lag in Franken, Schwaben und im Elsass; in Thüringen zählten lediglich Mühlhausen und Nordhausen

Tom Kidd/Wikipedia

Wappen des Mainzer Bischofs Lothar Franz von Schönborn an der Kurmainzischen Statthalterei (zwischen 1711 und 1720 errichtet), heute Thüringer Staatskanzlei in der Regierungsstraße in Erfurt.

dazu. Im Spätmittelalter wurden etliche Reichsstädte von den Königen und Kaisern verpfändet; sie gingen vielfach in den benachbarten Territorien auf. Größere landesherrliche Städte, vor allem Bischofssitze, schüttelten die Herrschaft ihrer Stadtherren erfolgreich ab und schlossen sich den Reichsstädten an; einigen wurde in der Folge formell der Titel Reichsstadt verliehen. Die übrigen bezeichneten sich selbst als „freie Städte" und versuchten, politisch gemeinsam mit den Reichsstädten zu agieren. Im Spätmittelalter schlossen sich mehrfach Städte zur Wahrung gemeinsamer Interessen in Städtebünden zusammen; man hielt gemeinsame Tage ab. Ab 1495 wurden die Städte regelmäßig zu den Reichstagen geladen. Es entstand – neben der Kurfürsten- und Fürstenbank – eine Städtebank, der Ende des 16. Jahrhunderts auch das Stimmrecht zugestanden wurde.

Im 13. Jahrhundert hatte sich unterhalb der Grafen und Herren der sogenannte Niederadel herausgebildet, der sich in einigen Regionen schon im Spätmittelalter in unterschiedlicher Form zusammenschloss. Obwohl man sich von den Landesherren bedroht fühlte, setzte sich im 16. Jahrhundert das Bewusstsein durch, dass man nicht gegen, sondern nur mit den Fürsten, vor allem mit dem Kaiser die eigene Existenz sichern konnte. In Franken, in Schwaben und am Rhein bildeten sich Organisationsformen der Ritterschaft, die man als Reichsritterschaft bezeichnet. Die im Südwesten Thüringens ansässigen Familien gehörten zur Reichsritterschaft in Franken, Kanton Rhön und Werra. Die Reichsritterschaft zahlte Reichssteuern an den Kaiser, der sie und ihre meist nur aus wenigen Dörfern bestehenden Herrschaften schützte und in ihrer Existenz sicherte. Zu den Privilegien der reichsritterschaftlichen Familien gehörten u. a. die freie Wahl der Konfession und der Judenschutz. Aus diesem Grund lebte die Mehrzahl der um 1800 in Thüringen ansässigen Juden in den reichsritterschaftlichen Dörfern im Süden und Westen des heutigen Freistaates. Auf den Reichstagen war die Reichsritterschaft nicht vertreten.

Idealbild Karls des Großen mit den Reichskleinodien, gemalt 1513 von Albrecht Dürer. Als Zeichen der Macht trägt er die Reichskrone (aus dem 10. Jahrhundert), den Reichsapfel (aus dem 12. Jahrhundert) und das Reichsschwert (aus dem 11. Jahrhundert).

Die Institutionen des Reiches

Entscheidungen von großer Tragweite haben die Könige und Kaiser stets nach Beratung mit den Großen des Reiches getroffen; dazu wurde nach Bedarf eingeladen. Weil die Schaffung eigener Landesherrschaft die Kräfte vieler Fürsten band, verzichteten diese auf eine Teilhabe an den reichspolitischen Entscheidungen, die ein Besuch der vom König angesetzten Versammlungen (Hoftage) auch bedeutete.

Es hatte stets Versammlungen der Fürsten ohne den König gegeben. Dazu gehören neben den Wahltagen solche Versammlungen, auf denen sich Opposition gegen das Reichsoberhaupt bildete. Im 14. Jahrhundert hatten die Kurfürsten auf eigenen Tagen ihren gewachsenen Einfluss auf die Reichs-

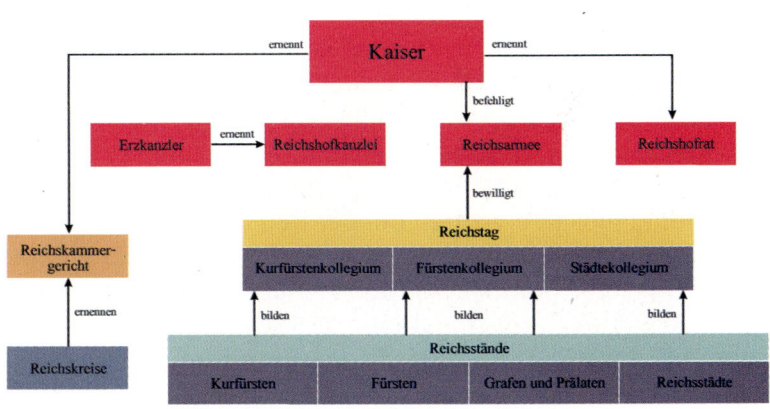

Wikipedia, Michail Jungierek

Institutionen des Heiligen Römischen Reiches seit der frühen Neuzeit.

geschäfte dokumentiert. König Sigmund (1411–1437), gleichzeitig König von Ungarn und Böhmen, war immer wieder über längere Zeit vom Reich abwesend. Als dieses durch die Kriegszüge der Hussiten in Böhmen bedroht wurde, ergriffen die Stände unter Führung der Kurfürsten die notwendigen Maßnahmen. Zur Finanzierung der Truppen wurde 1422 eine Liste der Steuerpflichtigen (Reichsmatrikel) angelegt. Wegen ihrer finanziellen Leistungskraft gewannen auch die Städte Einfluss auf die Entscheidungen.

Im Ergebnis einer 1470 einsetzenden Entwicklung entstanden die Versammlungen, die man als Reichstage bezeichnet. Für den Wormser Reichstag von 1495 trifft diese Bezeichnung (auch wenn sie häufig auf frühere Tage angewandt wird) erstmals in vollem Umfang zu. Neben den Rat der Kurfürsten trat nun der Fürstenrat; später kamen die Städte hinzu. Die auf den Reichstagen anwesenden Stände gewannen Anteil an der politischen Entscheidungsfindung im Reich. Den Kaisern aus dem Hause Habsburg ist es gelungen, ihre Erblande (Österreich, Niederlande) von den Reichstagen fernzuhalten. In anderen Regionen hielt man bewusst Distanz (Schweiz, Hamburg, Bremen).

Zu den Reichstagen wurde vom Reichsoberhaupt nach Bedarf – also nicht regelmäßig – geladen. In Zeiten, in denen der Beratungsbedarf größer war, fanden jährlich oder mehrmals im Jahr Reichstage an unterschiedlichen Orten (zumeist Reichsstädten) statt. Im Zeitalter der Reformation sind nahezu alle Entscheidungen von weitreichender Bedeutung für die deutsche Geschichte auf Reichstagen gefallen (Luther in Worms 1521; Speyerer Protestation 1529; Augsburger Bekenntnis 1530; Augsburger Religionsfriede 1555).

Ab 1663 tagte der Reichstag permanent in Regensburg (Immerwährender Reichstag). Er entwickelte sich zum Gesandtenkongress, auf dem die bedeutenderen Stände sich durch eigene Diplomaten vertreten ließen. Kleinere Stände teilten sich oft zu mehreren in einen Bevollmächtigten (Residenten).

Der König und Kaiser war oberster Richter in Zivil- und Strafsachen. Er saß öffentlich zu Gericht; jedermann konnte ihm seine Klagen vorbringen. 1235 wurde erstmals ein ständiger Vertreter in dieser Funktion (Reichshofrichter) eingesetzt. In einem längeren Prozess entwickelte sich daraus das Reichskammergericht.

Dieses oberste Gericht des Reiches, nach mehrfachen Wechseln bis 1689 in Speyer und zuletzt in Wetzlar ansässig, war zuständig für Streitigkeiten der Reichsstände untereinander und oberste Appellationsinstanz in allen Sachen, sofern die betroffenen Reichsstände keine Privilegien besaßen, die sie davon ausnahmen. Darüber hinaus stand der Weg zum Reichskammergericht jedermann offen, dem in seinem Heimatterritorium das Recht verweigert wurde. Auch wenn Miss-

Wikipedia

Das Heilige Römische Reich am Anfang des 18. Jahrhunderts, 1705

stände immer wieder auftraten und die Prozesse sich zum Teil über Jahrzehnte hinzogen, so bedeutete die Schaffung einer obersten, unter bestimmten Bedingungen jedermann zugänglichen Instanz einen bedeutenden Fortschritt auf dem Weg zum Rechtsstaat.

Das Ende des Reiches

Den politisch denkenden Zeitgenossen des 17. und 18. Jahrhunderts war es durchaus bewusst, dass die politischen Systeme der großen Monarchien Europas denen des Heiligen Römischen Reiches überlegen waren. Hierhin gehört die Feststellung, es gleiche einem „Monstrum", d. h. im Sinne der Antike einem Lebewesen, das aus Teilen zweier anderer zusammengesetzt war, der Monarchie – in der Person des Kaisers – und der Oligarchie – der auf dem Reichstag vertretenen Stände.

Das Bewusstsein, dass dieses System den Forderungen der Zeit nicht mehr genügte, war weit verbreitet. Ungeachtet dessen kam der Anstoß zum Zusammenbruch von außen – von der französischen Revolution und ihren politischen Folgewirkungen. 1798/1801 ging das linke Rheinufer an Frankreich verloren. Zur Entschädigung der betroffenen Reichsstände erarbeitete eine vom Reichstag eingesetzte Deputation aus je vier Kurfürsten und Fürsten einen umfangreichen Entschädigungsplan, der am 25. Februar 1803 vorgelegt wurde (Reichsdeputationshauptschluss). Die geistlichen Fürstentümer, die Reichsstädte, die Reichsritterschaft und zahlreiche kleinere Reichsstände verschwanden von der Landkarte. Übrig blieben nur die Groß- und Mittelmächte (in Thüringen: Preußen, Sachsen-Weimar-Eisenach, Sachsen-Gotha-Altenburg, Sachsen-Meiningen, Sachsen-Coburg-Saalfeld, Sachsen-Hildburghausen, Schwarzburg-Rudolstadt, Schwarzburg-Sondershausen, Reuß ältere und jüngere Linie). Als Kaiser Franz II. am 6. August 1806 die Kaiserwürde des Heiligen Römischen Reiches niederlegte und den Titel eines Kaisers von Österreich annahm, hörte das Heilige Römische Reich Deutscher Nation zu bestehen auf.

Literatur

Hans Hubert Hofmann (Hrsg.), Quellen zum Verfassungs-organismus des Heiligen Römischen Reiches Deutscher Nation 1495-1815 (Ausgewählte Quellen zur deutschen Geschichte der Neuzeit, 13), Darmstadt 1976.

Peter Moraw, Von offener Verfassung zu gestalteter Verdichtung. Das Reich im späten Mittelalter 1250 bis 1490, Frankfurt am Main Berlin 1989.

Werner Paravicini (Hrsg.), Höfe und Residenzen im spätmittelalterlichen Reich, 4 Bände (Residenzenforschung Bde. 15. I-IV), Ostfildern 2003-2012.

Georg Schmidt, Geschichte des Alten Reiches. Staat und Nation in der Frühen Neuzeit 1495-1806, München 1999.

Joachim Whaley, Das Heilige Römische Reich deutscher Nation und seine Territorien 1493-1806, 2 Bände (1493-1648; 1648-1806), Darmstadt 2014.